글 즐비

즐비는 어린이들에게 즐거움을 주는 비밀 같은 이야기를 쓰고 있는 작가들의 모임이에요. 〈냥 작가의 상담소 시리즈〉는 어린이들이 읽는 즐거움뿐만 아니라 쓰는 즐거움까지 느끼기를 바라는 마음으로 기획했습니다. 나른한 길고양이 누룽지가 아이디어를 제공하고, 정재은 선생님과 김수경 선생님이 글을, 연호 선생님이 만화 대본을 썼습니다.
정재은 선생님이 지은 책으로는 《냥 작가의 일기 상담소》, 《냥 작가의 독서록 상담소》, 《냥 작가의 동시 상담소》, 〈수학 유령의 미스터리 수학 시리즈〉, 〈정재승의 인간탐구보고서 시리즈〉 등이 있습니다.

그림 김준식

2001년부터 어린이를 위한 학습 만화와 교재 삽화를 그리고 있으며, 만화 창작실 '풍등'에서 활동했습니다. 재미있는 그림을 통해 어린이들이 깔깔깔 재밌고 즐거운 독서 시간에 푹 빠졌으면 좋겠습니다.
그린 책으로는 《냥 작가의 동시 상담소》, 《생각이 기발해지는 추리 퀴즈 1, 2》, 《어휘력이 커지는 과학 낱말 퍼즐놀이》, 《옛날 왕들은 똥을 누고 무엇으로 닦았을까?》, 《굿바이! 틀리기 쉬운 국어 문제》, 〈싸매고 탐험대 시리즈〉, 〈세상을 바꾼 위대한 과학자들 시리즈〉와 조음 지도용 삽화와 직업 카드 등이 있습니다.

초판 2쇄 2024년 8월 14일 | **초판 1쇄** 2024년 7월 5일
글 즐비 | **그림** 김준식
펴낸이 정태선 | **펴낸곳** 파란정원 | **출판등록** 제395-2010-000070호
주소 서울특별시 은평구 가좌로 175, 5층 | **전화** 02-6925-1628 | **팩스** 02-723-1629
제조국 대한민국 | **사용연령** 8세 이상 어린이
홈페이지 www.bluegarden.kr | **전자우편** eatingbooks@naver.com

글ⓒ2024 즐비 | 그림ⓒ2024 김준식
*본문에 학교안심 꾸러기, 칠곡할매글꼴, 교보 손글씨 2019, 국립공원 꼬미를 사용하였습니다.

ISBN 979-11-5868-282-8 74800
　　　979-11-5868-240-8 74800(세트)

이 책은 저작권법에 따라 보호받는 저작물이므로 무단 전재와 무단 복제를 금지하며,
이 책 내용의 전부 또는 일부를 이용하려면 반드시 저작권자와 파란정원(자매사 책먹는아이·새를기다리는숲)의 동의를 얻어야 합니다.
*잘못된 책은 구입하신 서점에서 바꿔 드립니다.

글 즐비 | 그림 김준식

차례

너튜브 스타 전학생 진영웅 ··· 12

영웅이와 나영이의 투표 대결 ··· 28

등교하는 고양이 냥 작가 ··· 50

복도에서 뛰기 찬성 VS 반대 ··· 70

나영이의 재투표 신청 ··· 96

채널명 냥 작가와 삐악이들 ··· 116

등장인물 소개

냥 작가

번개아파트에 사는 길고양이.
동화 작가인 백 작가와 동시에 벼락을 맞은 후
책을 읽고 글을 쓰는 작가 고양이가 되었다.
절친 나영과 한우에게 글쓰기를 가르쳐 주는데,
대가로 받는 음식 종류에 따라
글쓰기 수업의 분위기가 달라진다는 소문이….
이번엔 논술을 배운다던데 수업 분위기는 어떨까?

나영이

아빠가 동화 작가지만 책도, 글쓰기도
싫어하는 어린이.
하지만 아무리 피하려고 해도
자꾸만 글쓰기가 필요한 일이 생긴다.
이번에는 얄미운 친구를 이기기 위해
주장하는 글을 써야 한다.
고기 캔을 들고 절친 냥 작가를 찾아간 나영이는
과연 술술 잘 쓰는 법을 배울 수 있을까?

한우

한우한돈 고깃집의 외동아들이지만
하필 고기를 싫어하는 비운의 어린이.
하지만 한우가 먹을 고기를 냥 작가에게
바치면서 냥 작가와 친해지고
글쓰기도 배워 행운아가 되었다.
이번엔 냥 작가에게 무엇을 배우게 될까?

영재와 수재

스스로를 '천재 쌍둥이'라고 부르는 이란성 쌍둥이.
똑똑한 면도 있지만, 빈틈도 많아 반전 매력의 소유자다.
나영이와 한우의 앙숙이었으나 적의 적은 동지라고 했던가.
스스로를 인기 많은 스타 너튜버라며 소개하는 영웅이를 상대하기 위해 넷은 한편이 된다.

영웅이

번개초등학교에 새로 전학 온 친구.
너튜브 채널 '멍뭉이와 영웅이'에 출연하는 너튜브 대스타라고 소개한다.
유명하다는 핑계로 잘난 척을 너무한 탓에 전학을 간 반에서 미움받을 처지에 놓인다.
영상을 보면 유명한 스타는 영웅이가 아니라 다른 출연자라는데….

꼬꼬쌤

나영과 한우, 천재 쌍둥이들의 담임 선생님.
반 아이들을 삐악이라고 불러서 자신은 꼬꼬쌤이 되었다.
전학생 영웅이와 삐악이들이 친하게 지내기를 바라며 자기소개 시간을 가졌지만,
오히려 시이기 니삐져 사사건건 부딪친다.
사이좋은 삐악이 반을 꿈꾸는 꼬꼬쌤은 어떻게 할까?

너튜브 스타 전학생 진영웅

번개아파트는 아침마다 등교하는 아이들로 떠들썩하지. 그중에서도 목소리가 가장 우렁찬 아이는 나영이야.

"학교 가자, 친구랑 가자~. 나도 룰루랄라 간다!"

나영이는 날마다 새로운 노랫말을 지어 부르며 폴짝폴짝 뛰어가거든.

나영이의 노랫소리가 들리면 늦잠을 자던 냥 작가도 벌떡 일어나 등교하는 아이들을 배웅해.

"나영아, 한우야, 천재 쌍둥이들아, 잘 다녀와라냥."

  아이들의 등교 시간이 끝나면 냥 작가는 징검다리오솔길에서 작가답게 아침 독서를……. 할 줄 알았지?

  냥 작가는 고양이잖아. 고양이는 원래 아침잠이 많아. 낮잠도 좀 많지. 가끔은 저녁밥을 먹고 꾸벅꾸벅 졸기도 해. 그래서인지 냥 작가의 버킷 리스트 중 하나가 아침 독서를 일주일 이상 하는 거야.

  그날 아침도 냥 작가는 징검다리오솔길에 있는 왕벚나무 아래에서 아침 독서 대신 아침잠을 자고 있었어. 그런데 누군가 나영이만큼이나 요란하게 우당탕 뛰어가지 뭐야!

 요란한 어린이가 사라지자 냥 작가는 징검다리오솔길의 징검돌 위로 올라갔어. 지금 이 시간이면 징검돌이 아침 햇살로 적당히 데워져서 식빵 굽기 딱 좋거든. 고양이가 어떻게 식빵을 굽냐고? 진짜 빵을 굽는 건 아니야. 고양이가 네 발을 접고 웅크린 모습이 마치 맛있는 식빵을 닮아서 '식빵을 굽는다'고 말해.

 냥 작가는 식빵 자세로 꿀잠에 빠졌는지 징검다리오솔길에 주민들이 몰려와 웅성거리는 줄도 몰랐어.

 "제 딸이 학원을 갔다 돌아오는 길인데, 여기만 CCTV가 없어서 불안해요."

한편 징검다리오솔길을 지나 우당탕 뛰어간 아이는 번개초등학교 2학년 2반 교실 문을 벌컥 열었어.

"저, 지각 아니죠?"

2반 삐악이들의 눈이 휘둥그레졌어. 2학년 2반은 학생들을 '삐악이', 담임 선생님을 '꼬꼬쌤'이라고 부르고 있어.

삐악이들은 갑자기 들어온 아이가 반을 잘못 찾아온 줄 알았어. 그런데 꼬꼬쌤이 반갑게 인사를 건네는 거 있지!

"오! 영웅이 왔구나. 삐악이들, 이번에 새로 전학 온 친구 진영웅이에요. 모두 사이좋게 잘 지내요."

"네!"

삐악이들은 들뜬 목소리로 대답했어. 전학생은 처음이라 신기하고 반가웠거든.

"영웅아, 친구들에게 얼굴을 제대로 보여 주고 인사할까?"

꼬꼬쌤은 선글라스를 가리키며 말했어. 하지만 영웅이는 선글라스를 벗지 않은 채 삐악이들을 쭉 훑어보았어.

"선생님, 제가 선글라스를 벗으면 제 소개는 필요가 없을 거예요. 다들 절 한눈에 알아볼 테니까요. 후후."

영웅이는 어깨가 으쓱해졌어.

삐악이들은 서로 눈치 보며 눈만 끔벅거렸어. 영웅이가 하도 자신만만하니까 핑크우주단같이 유명한 스타를 모르는 바보가 된 기분이었거든. 선글라스 대신 안경으로 바꿔 낀 영웅이는 그런 삐악이들을 보며 콧방귀를 뀌었어.

"아아, 설마 너희들 나에게 질투심을 느끼고 일부러 날 모르는 척하는 거야? 너희 정말 유치……"

영웅이의 말이 끝나기도 전에 나영이가 벌떡 일어났어. 나영이는 참을성이 없어서 웬만한 일은 다 못 참지만, 그중에서도 무시하는 말을 가장 못 참거든.

"네가 누군데? 우리가 널 어떻게 아냐?"

나영이가 대차게 쏘아붙였어. 삐악이들도 맞장구를 쳤지.

"맞아. 우린 너 몰라."

"오늘 처음 봤는데 어떻게 알아?"

교실 분위기가 순식간에 냉랭해졌어.

"그만! 다들 조용히!"

꼬꼬쌤은 삐악이들의 대화를 말렸어. 삐악이들이 영웅이를 제대로 알기도 전에 안 좋게 생각할까 봐 걱정이 되었거든.

"처음 만난 사람끼리 서로에 대해 잘 모르는 건 당연해요. 이럴 때 필요한 게 자기소개란다. 나는 어떤 사람인지 서로 소개하는 시간을 가져 볼까요?"

꼬꼬쌤은 영웅이부터 자기소개를 시켰어.

2반 교실 분위기는 더 험악해졌어. 서로를 잘 알기 위해 자기소개를 시작했는데 모두의 기분을 상하게 하다니, 꼬꼬쌤은 뭔가 단단히 잘못되었다고 생각했어.

"삐악이들아, 자기소개는 다른 사람들에게 '나'를 설명하는 거야. 이름을 시작으로 성격, 내가 좋아하는 놀이, 책, 운동, 취미, 꿈 등 나의 정보를 하나씩 알려 주는 거지. 그런데 왜 다른 사람에게 나를 소개할까요?"

"꼬꼬쌤이 시켰잖아요."

나영이의 대답에 꼬꼬쌤이 고개를 저었어.

"아니. 서로에 대해 잘 알면 더 친해질 수 있기 때문이야. 그래서 자기소개를 할 때는 내가 알려 주고 싶은 정보를 말하는 것도 좋지만, 듣는 사람이 나의 어떤 점을 궁금해할지 생각해 볼 필요가 있어요."

"그럼 듣는 사람에 따라 자기소개 내용도 다르게 해야겠네요? 집에서 말할 때와 학생회장 선거에서 말할 때는 듣는 사람이 다르니까요."

이번에는 영재가 입을 열었어. 역시 2반에서 가장 똑똑하다고 자부하는 영재다운 질문이었지.

"이번에는 꼬꼬쌤이 먼저 자기소개를 해 볼게. 우리 삐악이들은 꼬꼬쌤의 소개를 잘 듣고, 나는 어떻게 자기소개를 하면 좋을지 생각해 보세요."

"자기소개하기 전에 할 말을 글로 정리하면 나를 다른 사람에게 알리기 편해요. 이번에는 글로 먼저 써 볼까요?"

삐악이들은 좋아하는 색깔과 아끼는 옷, 소중한 인형, 재미있게 즐겼던 게임, 만화 영화 등을 떠올리며 웃음꽃이 피는 자기소개를 쓱쓱 적기 시작했어.

혀를 내밀며 자기소개를 쓰던 나영이가 손을 번쩍 들었어.

"꼬꼬쌤, 좋아하는 게 너무 많은데 전부 다 써요?"

"아니, 자기가 제일 좋아하는 것만 써도 되고, 사람들에게 알려 주고 싶은 내용만 골라 써도 돼요."

곧이어 영재도 손을 들었어.

"꼬꼬쌤, 그러면 비밀은 써도 돼요? 제가 수재 비밀을 많이 알고 있거든요. 히히."

"아니, 비밀은 안 돼. 내 비밀도 안 되고, 친구나 형제의 비밀도 절대 쓰지 마세요."

영재는 적을 내용이 줄어 아쉬웠어.

조금 뒤 2학년 2반 교실 뒤에는 삐악이들의 자기소개 글이 나란히 붙었어. 삐악이들은 친구들의 자기소개 글을 읽고, 서로에 대해 더 많은 것을 알게 되었지.

진영웅

나는 너튜브 대스타 진영웅이야. 너튜브 채널 '멍뭉이와 영웅이'의 주인공이지. 나의 귀여움으로 팬들의 인기를 독차지하고 있어.
나는 강아지를 제일 좋아하지만 고양이는 아주 싫어해.
이다음에 커서 잘생긴 연예인이 될 거야.

백나영

나는 백나영이야.
고양이와 맛난 음식을 아주 좋아해. 하지만 수학은 세상에서 제일 싫어해.
내 별명은 놀이터 대장이야. 학원을 안 다녀서 맨날 놀이터에서 놀거든. 심심하면 언제든 번개아파트 놀이터로 놀러 와. 항상 내가 있을 거야.

내가 얼마나 유명한지 이제 다들 알겠지?

히히, 놀이터에 논 날이 나보다 많은 사람은 없을 거야!

나수재

안녕하세요. 나수재입니다.
저는 영재랑 쌍둥이입니다.
얼굴과 성격은 하나도 안 닮았지만 둘 다 아주 똑똑합니다. 제 아이큐는 128입니다.
머리가 아주 똑똑한 거죠.
어른이 되면 서울대 의대생이 될 거예요.

장한우

안녕, 나는 장한우야.
나는 세상에서 우리 엄마를 제일 좋아해. 야구도 좋아하는데, 경기를 보는 것만 좋아해.
내 특기는 태권도야. 나는 지금 노란 띠지만 곧 파란 띠를 딸 거야. 나랑 같이 태권도를 배우고 싶다면 번개 태권도장으로 꼭 와!

틀림없이 영재보다 내 아이큐가 더 높을걸?

파란 띠를 따면 나영이가 깜짝 놀라겠지?

호호, 우리 삐악이들의 개성이 돋보이는 자기소개네.

냥 작가의 논술 상담소

냥 작가님!
내일 학교에서 자기소개를 시킨대요.
뭐라고 말하면 좋을까요?
할 말이 없는데 큰일이에요.
— 2학년 3반 찬이

친구들에게 알려 주고 싶은 내 모습을 이야기해 보라냥.

자기소개는 어떻게 하는 거야?

자기소개는 내가 어떤 사람인지 알리기 위한 글이야. 첫 문장으로 나를 소개하고 다음 문장에는 내 마음을 함께 표현하면 좋아. 이런 식으로 말이야.

'내 이름은 찬이야. 나는 만화책과 태권도를 좋아해. 너희들과 같이 만화책을 읽으며 함께 놀고 싶어.'

어때 문장을 읽어 보니 할 말이 술술 생각나지?

친구들 앞에 서면 몸이 비비 꼬이고 부끄럽다고? 그렇다면 가족들 앞에 서서 발표 연습을 해 봐. 자신감이 차올라 친구들 앞에서도 씩씩하게 발표할 수 있을 거야.

냥 작가의 논술 비법

자기소개를 잘 쓰려면 소개할 대상에 대해 잘 알아야 한다냥. 생각 그물로 나는 어떤 사람인지 정리해 보라냥.

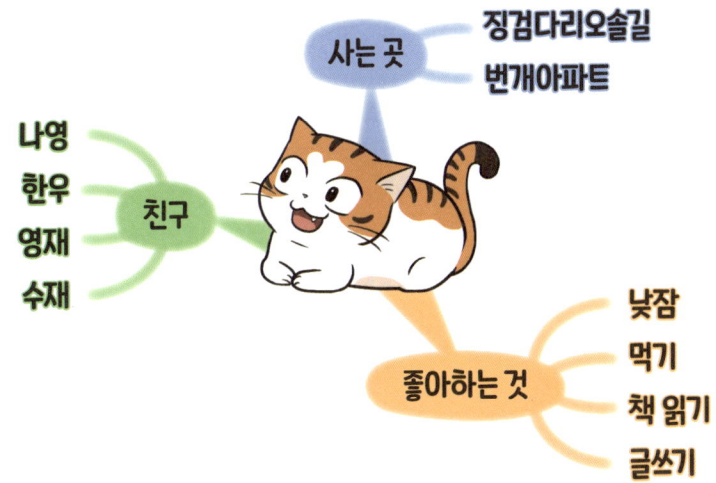

안녕! 나는 냥 작가다냥. 책 읽고, 글 쓰고, 여러 나라 음식을 좋아하는 작가 고양이다옹. 번개아파트에 사는 친구들과 함께 책을 읽고, 글쓰기도 한다냥. 나와 글을 쓰고 싶으면, 츄르를 들고 내가 사는 번개아파트의 징검다리오솔길로 찾아오라냥. 왕벚나무 아래에서 기다리고 있겠다냥.

영웅이와 나영이의 투표 대결

냥 작가는 징검다리오솔길에서 꾸벅꾸벅 낮잠을 자다가 희미하게 들리는 웃음소리에 움찔하며 깨어났어. 어디선가 나영이의 활기찬 목소리가 들린 것 같았는데, 꿈이었나?

"왜 아무도 안 오냐옹?"

냥 작가는 고개를 갸웃거렸어. 나영이가 학교에서 돌아올 시간이 한참 지났는데 코빼기도 보이지 않았거든. 평소 같으면 번개같이 달려와 냥 작가에게 궁디 팡팡을 날려 주고 놀이터로 와다닥 달려갔을 텐데 말이야.

냥 작가가 목 빠지게 나영이를 기다리고 있던 그 시각, 나영이는 휴대폰에 푹 빠져 있었어. 그것도 앙숙인 영재의 휴대폰을 보느라 정신이 없었지. 다 함께 영웅이가 나온다는 너튜브 영상을 찾아보고 있었거든.

기다림에 지친 냥 작가는 지루하고 따분했어.

"책이나 보러 갈까냥~."

냥 작가는 총총총 작은 도서관으로 걸어갔어.

냥 작가는 전에도 나영이와 한우를 따라 작은 도서관에 다녔어. 작은 도서관에 앉아 책을 보기도 하고 나영이의 도서 대출증으로 읽고 싶은 책을 빌리기도 했지. 냥 작가는 고양이라 도서 대출증이 없거든.

"냐하, 이 책이 재미있겠다냥."

냥 작가는 책장에서 마음에 쏙 드는 책을 골랐어.

조용하고 푹신한 자리를 잡은 냥 작가가 첫 장을 막 넘기려는 순간 밖에서 쿵쿵 요란한 발소리가 들렸어. 곧 우당탕 소리와 함께 문이 열렸지. 냥 작가는 저도 모르게 소리가 나는 쪽으로 고개를 돌렸어.

"번개아파트에도 작은 도서관이 있어서 참 다행이야!"

오늘 아침에 지각이라며 뛰어가던 아이, 영웅이였어.

영웅이가 큰소리로 자기 자랑을 늘어놓는 바람에 냥 작가는 책에 집중할 수 없었어. 결국, 읽던 책을 덮어 버렸지.

"시끄러워서 못 읽겠다냥. 이따 나영이에게 대출을 부탁하고 그만 돌아가야겠다냥."

냥 작가는 꼬리를 바짝 치켜들고 도서관 출입문 쪽으로 사뿐사뿐 걸어갔어. 문 앞에서 혼자 떠들고 있던 영웅이는 지나가던 냥 작가를 발견했어.

그때 마침 나영이와 한우가 물을 마시러 작은 도서관에 왔어. 냥 작가는 아이들에게 다가가 서러운 마음을 폭풍처럼 털어놓았어. 물론 다른 사람은 못 듣게 소곤소곤 말했지. 냥 작가가 특별한 고양이라는 사실은 비밀로 하고 있거든. 사람 말을 하고, 글도 쓰는 고양이라는 사실이 온 세상에 알려졌다간 냥 작가가 괴짜 과학자의 눈에 띄게 될 거야. 그러면 냥 작가는 잡혀가겠지?

냥 작가는 괴짜 과학자를 떠올리며 몸을 부르르 떨었어. 그런데 나영이는 냥 작가가 영웅이 때문에 쫓겨난 것이 분해서 벌벌 떠는 줄 알았어.

"쉿! 얘들아, 도서관에서 싸우면 안 돼요. 내가 도서관 규정을 살펴볼 테니 조용히 기다리렴."

도서관 관장님이 흥분한 나영이와 영웅이를 진정시켰어. 그리고는 깨알같이 적힌 도서관 규정을 살펴보았지.

다행히 고양이가 도서관에 출입하면 안 된다는 도서관 규정은 없었어. 문제는 고양이가 도서관에 출입해도 된다는 도서관 규정도 없다는 거야.

나영이와 영웅이는 또 자기 의견을 내세우며 말싸움을 시작했어. 도서관에 있던 다른 아이들까지 끼어들어 찬성과 반대, 네 편과 내 편을 외치면서 시끌벅적 떠들었어.

둘은 한바탕 토론을 벌였지만, 결론은 나지 않았지. 한참을 듣고 있던 도서관 관장님은 곰곰이 생각했어.

"고양이의 도서관 이용 문제는 도서관 회원들 모두가 투표해서 결정하도록 해요. 일주일 뒤 투표를 합시다."

도서관 관장님은 도서관 게시판에 투표 공지를 올렸어.

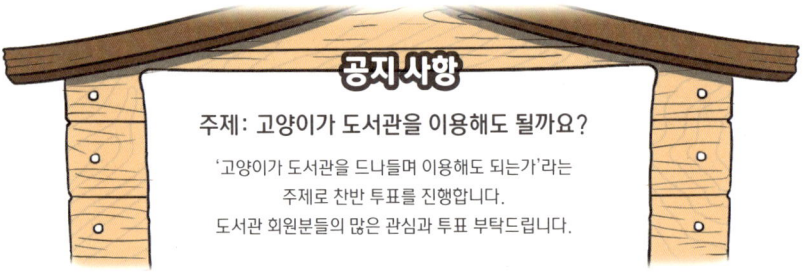

나영이는 냥 작가를 위해 투표에서 꼭 이기고 싶었어. 그래서 도서관 관장님께 물었지.

"관장님! 어떻게 하면 회원들이 제 의견에 투표할까요?"

영웅이가 도서관 관장님 대신 냉큼 대답했어.

"그것도 몰라? 과자를 사 주고 투표해 달라고 하면 돼."

도서관 관장님은 이마를 짚고는 고개를 저었어.

"과자를 사 주고 투표를 부탁하면 안 돼요. 투표는 정정당당하게 하는 거예요."

"내 의견에 투표해 달라고 큰 소리로 외치면 돼요?"

나영이의 물음에 도서관 관장님은 또 고개를 저었어.

"아니, 그런 방법 말고. 나영이와 영웅이가 도서관 회원들에게 '내 의견에 찬성해 주세요'라는 부탁 편지를 쓰면 어떨까? 게시판에 너희의 편지를 올리고 투표할 때 참고해 달라고 말하는 거야."

나영이의 편지

도서관 회원님들께

안녕하세요.

저는 번개아파트에 사는 백나영입니다.

부탁할 내용이 명확해야 한다옹.

고양이도 작은 도서관을 이용할 수 있게 해 주세요.

특히 ~~냥점~~ 냥냥이가 도서관에 오게 해 주세요.

냥냥이는 책을 좋아해요. 도서관에서 낮잠을 자더라도 떠들진 않을 거예요. 똥도 아무 데서나 싸지 않아요.

그러니까 냥냥이도 도서관을 자유롭게 다니게 해 주세요.

만약 내 부탁을 안 들어주면 다음부터 도서관에서 아주 시끄럽게 떠들 거야!!

부탁 편지는 예의 바르게 써야 한다냥.

백나영 올림

영웅이의 편지

안녕하세요.

저는 진영웅입니다.

저는 고양이가 도서관에 오는 것을 반대해요.

고양이는 뾰족한 발톱으로 책을 찢어요.

고양이는 밤에 눈이 번쩍여서 무서워요.

이번에 고양이가 도서관에 오면 다음에는 강아지와 비둘기도 도서관에 찾아올 거예요.

그럼 도서관이 동물원이 돼요.

저는 동물원도 좋지만 도서관은 사람들만 왔으면 좋겠어요.

그럼 안녕히 계세요.

진영웅 올림

> 내 의견을 명확하게 잘 밝혔다옹.

> 부탁하는 이유가 많을수록 좋다냥.

일주일 뒤 작은 도서관 앞에서 투표가 시작되었어. 나영이와 영웅이는 떨리는 마음으로 투표를 지켜보았지.

과연 투표 결과는 어떻게 나왔을까?

냥 작가의 도서관 이용을 반대하는 표가 훨씬 많았어.

"실망이다냥. 하지만 영웅이의 부탁 편지가 더 설득력이 있어서 어쩔 수 없다냥."

"힝. 냥 작가, 미안해. 내 진심이 약했나 봐. 투표에서 져서 냥 작가의 책 읽기를 내가 막았어."

나영이는 진심으로 냥 작가에게 미안했어. 마음 같아서는 고양이 전용 도서관을 떡하니 지어 주고 싶었지. 아니면 냥 작가를 위한 책을 원 없이 사 주고 싶었어.

하지만 나영이에게 그렇게 많은 돈이 어디 있겠어. 집에 있는 돼지 저금통의 텅 빈 배 속을 떠올리던 그때!

"그래, 책! 책이 많다! 왜 그 생각을 못 했지? 냥 작가, 우리 집으로 가자. 백작님 방에는 책이 엄청 많아."

백작님은 나영이의 아빠야. 동화 작가인 백 작가님을 줄여 부르는 별명이지. 백작님은 글을 쓰는 게 일이지만 요즘 글이 잘 안 써진대. 누가 자신의 글쓰기 능력을 훔쳐 간 것 같다나? 그래서 쓰지는 않고 맨날 책을 읽고 있어.

"아빠는 작가가 맞아요?"

나영이가 이렇게 물으면 '원래 작가는 쓰기보다 다양한 책을 읽는 게 중요해'라고 대답을 해서.

"냥 작가, 백작님 방에서 책을 읽자. 두껍고 재미없는 책도 엄청 많지만 그림이 많고 재미있는 책도 진짜 많아."

"백작님 방이라고냥? 안 간다냥. 나는 오늘부터 책을 안 읽는다냥. 아니, 싫어한다냥. 무서워한다냥!"

냥 작가는 부르르 떨었어. 그날의 기억 때문이야.

그날은 어느 우중충한 오후였어. 번개아파트에 느닷없이 벼락이 떨어지더니 하필이면 평화롭게 산책하던 냥냥이와 베란다에서 냥냥이를 지켜보던 백작님이 동시에 벼락을 맞고 말았어.

번쩍, 콰콰쾅!

그날 이후 길고양이였던 냥냥이는 사람 말을 하고, 글도 쓰는 냥 작가가 되었지. 백작님은? 다행히 고양이 말을 하지는 않았지만, 글쓰기 능력은 잃어버렸나 봐.

하지만 이런 냥 작가의 마음을 알 리가 없는 나영이는 같이 집에 가자며 냥 작가에게 매달렸어.

"오늘 집에 아무도 없어서 심심하단 말이야. 우리 집에서 같이 책도 읽고, 나랑 같이 놀자. 응?"

냥 작가는 솔깃했어. 사실은 백작님의 서재에는 어떤 책들이 꽂혀 있을지 궁금했거든.

"그, 그렇다면 어디 한번 가 볼까냥?"

냥 작가는 마음에 드는 책을 골라 수북하게 쌓았어.
"다 읽고 갈 테다냥."
냥 작가가 첫 번째 책을 한창 집중하며 읽고 있던 그때, 불길한 신호음이 들리더니 현관문이 벌컥 열렸어. 그토록 피했던 백작님이 코앞으로 다가오고 말았어!

냥 작가님!
엄마가 논술 학원을 다니래요.
논술이 뭐예요?
엄청 어려운 거죠?

— 4학년 3반 해민

내 주장에 찬성하도록 상대방을 설득하는 것이 논술이다냥.

논술이 뭐예요?

부모님께 장난감을 사 달라고 조르면서, 내가 그 장난감을 꼭 가져야 하는 이유를 말한 적이 있니? 한 번이라도 있다면 벌써 논술을 해 본 거야. 논술은 내 주장이나 의견을 논리적으로 표현하는 거야. 내 주장을 말로 하면 토론, 글로 쓰면 논설문이야. 논설문은 다른 말로 주장하는 글이라고 해.

논술은 처음부터 끝까지 내용의 앞뒤가 잘 맞아야 하고, 주장을 뒷받침하는 이유가 확실해야 해. 그래야 다른 사람들이 고개를 끄덕이며 너의 말에 찬성할 거야.

냥 작가의 논술 비법

내용의 앞뒤가 잘 맞으려면 원인과 결과가 맞아야 해. 원인은 어떤 일이 일어나게 된 까닭이고, 결과는 원인으로 인해 일어난 일이다냥. 함께 원인과 결과를 찾아보자냥.

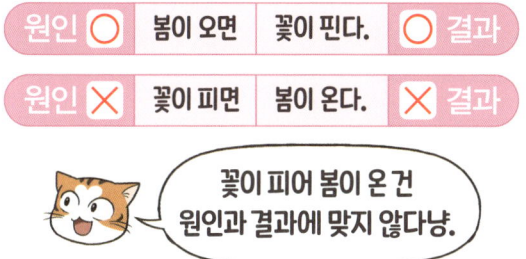

아래 사다리에 적힌 결과를 보고 사건이 일어난 원인이 무엇인지 알아보자냥.

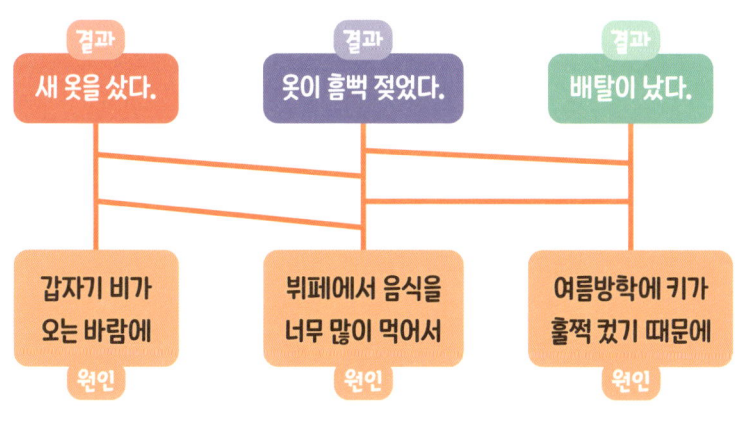

등교하는 고양이 냥 작가

"아니다냥, 아니다냥. 내가 일부러 뺏은 게 아니다냥!"

냥 작가는 버둥거리다 눈을 번쩍 떴어. 주위는 시커먼 어둠뿐, 아무도 냥 작가를 쫓아오지 않았어.

"냐하, 꿈이었냥? 무서워서 혼났다냥."

식은땀으로 젖은 몸을 부르르 떨며 일어난 냥 작가는 갑자기 화가 치밀어 올랐어.

"백작님을 볼 때마다 조마조마해서 못 살겠다냥! 작가 능력을 확 돌려주고 싶다냥!"

냥 작가는 불평을 토로했지만 진짜 속마음은 작가 능력을 돌려주고 싶지 않았어. 냥 작가는 그냥 길고양이였던 때보다 작가 고양이가 된 지금이 훨씬 더 좋았어.

작가 능력 덕분에 전 세계 음식을 맛볼 수 있어서 좋고, 부서진 벤치 대신 포근한 집도 생겼거든.

그뿐만이 아니야. 심심할 틈이 없게 자주 달려와 조잘거리는 좋은 친구들도 잔뜩 생겼지.

또, 자신만의 기록을 남길 수 있어서 좋았어.

냥 작가는 길고양이 시절에도 재미있는 상상을 많이 했어. 그때는 글 쓰는 법을 몰라 자꾸만 까먹기를 반복했지. 지금은 글로 써 두니 잊어버리지 않아서 정말 좋대.

그중에서도 냥 작가가 가장 좋아하는 건 책을 읽을 수 있게 된 거야. 길고양이 시절 냥 작가는 늘 궁금했거든.

'내가 본 사람들은 고양이보다 똑똑하지 않던데 어찌 이리도 큰 도시를 세우고, 씽씽 달리는 자동차를 발명하는 거대한 문명을 이루었을까냥?'

골똘히 생각해 보니 그게 다 책 덕분인 것 같아. 책을 통해 지식과 상상력을 후손들에게 전해 주면 그 책을 읽은 후손들이 샘솟는 아이디어로 이 세상을 키우고 발전시키는 거지. 그걸 되풀이하면서 사람들의 세상은 점점 더 발전한 거야.

'나도 책을 더 많이 읽고 더 훌륭한 고양이가 될 테다냥. 근데 이제 어디 가서 책을 읽냐옹? 다른 도서관은 없냥?'

냥 작가는 눈을 감고 곰곰이 고민하다 또 잠이 들었어. 고양이는 원래 잠이 많은 동물이라 눈만 감으면 바로 잠들거든. 혹시 책이 아니라 잠 때문에 고양이가 훌륭한 문명을 이루지 못한 게 아닐까?

"음냐하~, 벌써 아침이다냥?"

냥 작가는 나영이가 제멋대로 지어 부르는 등굣길 노랫소리에 눈을 번쩍 떴어. 그 순간 냥 작가의 머릿속에 좋은 생각이 스쳐 지나갔거든.

"나영이가 자랑하는 학교 도서관이 있다냥! 나영아, 학교에 같이 가자옹!"

"반려동물이 아니라 고양이니까 들어가도 되죠?"

나영이는 당당하게 말했어.

"아니. 얘는 반려동물이라 들어올 수 없어요."

보안관쌤은 엄한 표정을 지으며 두 팔로 크게 엑스 모양을 만들었어.

"반려동물이 무슨 동물이에요?"

"보안관쌤, 왜 그렇게 무섭게 말해요?"

나영이와 친구들이 놀란 토끼 눈으로 물었어. 보안관쌤은 얼른 상냥한 미소를 지었지. 2학년은 아직 배울 게 많아서 친절하게 설명해야 한다는 걸 깜빡하신 것 같아.

"반려동물이란, 가족처럼 사랑하며 가까이 두고 기르는 동물이란다. 고양이, 강아지, 고슴도치, 앵무새 등을 반려동물로 많이 기르지."

보안관쌤은 냥 작가를 콕 집어 가리키며 말을 덧붙였어.

"그래서 이 고양이를 반려동물이라고 부른 거야."

"네, 잘 알겠어요. 그런데 이 고양이는 우리가 안 키워요. 그러니까 반려동물이 아니에요."

나영이가 대답했어. 한우도 냉큼 덧붙였어.

"맞아요. 가족만큼 가까이 두지는 않아요. 같은 아파트 단지에서 살지, 같은 집에서 살지는 않거든요."

"그러니까 이 고양이는 학교에 들어가도 되죠?"

천재 쌍둥이까지 나서자 보안관쌤은 난감했어. 누가 봐도 나영이와 함께 등교한 고양이는 반려동물이었거든. 학교 규칙에 '특별한 사유가 없는 한 반려동물은 학교에 올 수 없다'라고 쓰여 있었으니 허락할 수 없었어.

"고양이는 안 돼요! 집에 데려다 놓으세요."

보안관쌤이 단호하게 말하자 나영이도 어쩔 수 없었어.

"냥 작가, 미안해……."

나영이는 냥 작가를 교문 밖에 내려놓았어.

"괜찮다냥. 사람들 인심이 참 야박하다냥. 학교에 똥을 싸겠다는 게 아니라 책을 읽겠다는데 너무하다옹."

냥 작가는 풀이 죽어서 돌아섰어. 나영이는 그 모습을 물끄러미 바라보다 힘없이 학교로 발걸음을 옮겼어.

그런데 학교 안에 길고양이가 떡하니 있는 거야. 그것도 학교 화단에 똥을 싸는 길고양이가!

나영이는 교문 앞에 서 있는 보안관쌤에게 달려갔어.

"보안관쌤, 저 고양이는 왜 학교 안에 있어요?"

"저건 길고양이잖니. 사람들이 나가라고 해서 나가고, 들어오라고 해서 들어오는 고양이가 아니야. 길고양이는 제멋대로고, 붙잡을 수도 없어요."

"아아, 제멋대로면 학교에 와도 되는구나!"

나영이는 교문 밖으로 뛰쳐나가 냥 작가를 붙잡았어.

"냥 작가, 길고양인 척하면 학교에 들어올 수 있대!"

"지금 나보고 길고양인 척이라고냥? 어이없다냥. 난 진짜 길고양이다냥."

나영이의 황당한 작전에 냥 작가는 꼬리로 바닥을 팡팡 내리치며 뚱한 표정을 지었어.

"아무튼! 길고양인 척하고 당당하게 학교 안으로 들어가면 도서관에 갈 수 있어."

"흠, 알았다냥. 그럼 학교 도서관이 어디에 있는지 나에게 설명해 달라냥."

번개초등학교는 건물이 세 개나 되고 중간에 구름다리가 있어서 처음 온 사람, 아니 처음 온 고양이는 찾기 어려워.

나영이는 학교 건물 구조를 머릿속에 대충 떠올리며 냥작가에게 설명했어.

"교문에서 이쪽으로 조금 걸어가면 길이 나와. 거기서 쭉 가다가 건물 안으로 들어가서 계단을 올라가. 그리고 숨찰 때쯤 멈추면 도서관 입구가 나와."

 "나영아, 설명은 어떤 사실이나 정보를 다른 사람이 잘 이해할 수 있도록 알려 주는 말이다냥. 그래서 누구나 알 수 있는 정확한 단어로 표현해야 한다냥. '조금, 쭉, 숨찰 때까지' 이렇게 애매한 표현 말고 '오른쪽, 왼쪽, 몇 미터, 무슨 건물 몇 층, 몇 호'라는 표현을 쓰라옹."

 "그래? 난 잘 설명한 것 같은데."

 나영이는 고개를 갸웃거렸어. 냥 작가는 나영이가 정확히 설명할 수 있도록 구체적인 질문을 던졌어.

번개초등학교 도서관은 무슨 건물에 있냥?

 새싹관 3층에 있어.

그럼 새싹관 3층을 찾아가면 되냥?

 아니. 지금 새싹관 중앙 계단이 공사 중이라 자람관으로 돌아가야 해.

알겠다냥. 그럼 자람관으로 가려면 교문에서 어느 쪽으로 가야 하냥?

 교문을 통과해서 왼쪽 길을 따라가면 누리관이 나오는데, 그 옆에 자람관이 있어.

자람관에서 어떻게 새싹관으로 갈 수 있냥?

 자람관의 3층에 구름다리가 있는데, 구름다리를 건너면 새싹관 3층으로 갈 수 있어. 다리 앞에 도서관 입구가 있을 거야.

냥 작가는 나영이의 대답을 이어 적었어. 그러자 번개초등학교 도서관으로 가는 설명서가 완성됐어.

냥 작가는 설명서를 물고 학교 담을 빙 돌았어. 오동통한 몸매를 가진 냥 작가도 충분히 뛰어넘을 수 있는 가장 낮은 담을 골라서 폴짝! 진짜 길고양이처럼 우아하게 담을 넘어 번개초등학교 안으로 가뿐히 들어갔어.

담에서 내려오니 보안관쌤이 눈앞에 서 있는 거 있지! 냥 작가는 또 쫓겨날까 봐 놀라서 꼬리가 팡 부풀었어.

무사히 보안관쌤을 지나친 냥 작가는 도서관을 찾아갔어. 나영이와 함께 쓴 설명서 덕분에 건물 안에서 한 번도 헤매지 않고 길을 찾았어.

도서관은 책도 많고, 햇살도 따뜻하게 들어와서 냥 작가의 마음에 쏙 들었어. 학생들은 교실에서 수업 중이라 사서쌤 혼자서 조용히 책을 정리하고 있었어.

조용하기로 치면 또 고양이를 따를 자가 없다는 거 알지? 냥 작가는 발소리가 나지 않게 걸음을 살금살금, 신이 난 마음에 꼬리는 살래살래 흔들며 책을 살펴봤어.

'이 책도 재밌겠다옹. 저 책도 보고 싶다옹.'

냥 작가가 소리 없이 책을 찜하고 다니는데 갑자기 사서쌤이 고개를 들었어.

"누가 있나? 발소리는 안 나는데, 꼭 누군가 있는 것 같은 기분이야."

사서쌤은 천천히 도서관을 한 바퀴 돌았어. 냥 작가는 사서쌤에게 들키지 않게 샤샤샥 소리 없이 숨었어.

"이상하다. 아무도 없는데……."

사서쌤은 끝내 냥 작가를 찾지 못했어.

냥 작가의 논술 상담소

> 냥 작가,
> 학교 숙제로 설명문을 써 오래.
> 설명문은 한 번도 안 써 봤는데,
> 어떻게 쓰는 거야?
>
> — 4학년 1반 승민

자기소개를 해 봤냐옹?
그럼 벌써 설명문을
써 본 거다옹.

설명문은 어떻게 쓸까?

설명문은 어떤 사실이나 정보를 쉽게 알려 주려고 쓰는 글이야. '나'를 소개하는 자기소개도 설명문 중 하나야.

설명문은 누가 읽어도 단번에 이해할 수 있어야 하고, 객관적이면서 확인된 사실만 써야 해. 나만의 생각이나 상상으로 설명문을 쓰면, 읽는 사람이 이해할 수 없어. 생각과 상상은 사람마다 다르기 때문이야. 그래서 설명문을 쓸 때는 교과서, 백과사전, 관련 전문가가 쓴 책에서 정확한 정보를 찾아 쓰는 게 좋아.

냥 작가의 논술 비법

설명문을 쓰려고 백과사전을 찾았더니, 너무 길고 어려워서 못 읽겠다고냥? 내가 코알라로 스무고개처럼 질문과 대답을 해 보겠다냥. 스무고개에서 정보를 찾아보라냥.

설명이 쉬워지는 스무고개 질문

질문	대답
어느 나라에 살아?	오스트레일리아에 살아요.
털은 무슨 색이야?	회색 또는 갈색이에요.
땅 위에 살아, 물속에 살아?	유칼리나무 위에서 살아요.
무엇을 먹어?	유칼립투스 잎만 먹고 물은 안 마셔요.
특이한 특징이 있어?	하루에 20시간 정도 잠을 자요.

내 질문과 백과사전에서 찾은 답을 잘 연결하면 설명문이 뚝딱 완성된다옹.

코알라는 오스트레일리아에 사는 동물로 몸은 회색 또는 갈색이에요. 주로 유칼리나무에서 살아요. 유칼립투스 잎을 먹이로 먹고, 물은 마시지 않아요. 특이한 특징으로 하루에 20시간 정도 잠을 잔다고 해요.

복도에서 뛰기 찬성 VS 반대

"책은 다 봤으니 이제 나영이를 보러 갈까냥?"

냥 작가는 나영이 반을 찾아 누리관 2층으로 갔어.

"2학년 2반이 저기 있구냥."

냥 작가가 막 2반 교실을 발견했을 때 수업 끝 종이 울렸어. 동시에 2반 교실 문이 열리고 나영이가 뛰쳐나왔지.

나영이는 쉬는 시간에 절대로 교실에 앉아 있지 않아. 수업 시간 동안 가만히 있던 뼈와 근육에게 자유를 주기 위해 복도에서 아주 빠르게 뛰어다녀.

"나영이다옹. 냐아아옹~!"

냥 작가는 나영이를 보고 폴짝폴짝 뛰어갔어.

"앗, 냥 작가다. 냥 작가~!"

나영이도 오래전에 헤어진 가족을 만난 사람처럼 무척이나 반갑게 와다닥 달려갔어.

수업 시작종이 울렸어. 복도에 나와 있던 아이들은 하나둘씩 교실로 들어갔어. 하지만 나영이는 교장쌤에게 달려가 물었지.

"교장쌤, 복도에서 뛰면 안 돼요?"
"당연하죠."
교장쌤이 단박에 대답했어. 하지만 나영이는 포기하지 않고 또 물었어.
"학교 규칙에 복도에서 뛰면 안 된다고 적혀 있어요?"
"아니, 그런 규칙은 없는데······. 복도에서 뛰지 않는 것은 너무나 당연해서 규칙으로 정하지 않았단다."
교장쌤은 '너무나 당연해서'를 강조하며 말했지만, 나영이의 귀에는 '그런 규칙은 없다'만 크게 들렸지. 나영이가 회심의 미소를 지으며 물었어.
"아, 뛰지 말라는 규칙은 없다고요?"
교장쌤은 불길한 예감이 들었지만, 고개를 끄덕이며 나영이의 질문에 대답했어.
"그럼 복도에서 뛰어도 되죠? 못 하게 하면 불법이죠?"

교장쌤이 당황했어. 이 문제를 쉽게 해결하려면 나영이에게 이렇게 말하면 되겠지?

하지만 교장쌤은 학생들의 자율적인 결정을 매우 중요하게 생각하는 분이었어. 그래서 이렇게 말했지.

"투표라고요?"

꼬꼬쌤의 표정이 어두워졌어. 만약 투표 결과가 '복도에서 뛰자'로 결정된다면 지금도 우당탕 난리가 나는 2반 복도는 아수라장이 될 거야. 얌전했던 삐악이들도 규칙을 지킨다는 이유로 뛰어다닐 게 분명해.

꼬꼬쌤은 교장쌤에게 다가가 슬쩍 물었어.

"교장 선생님, 정말 괜찮을까요?"

"그럼요. 뛰지 말자는 쪽으로 결정이 날 겁니다. 아무리 아이들이지만 당연한 거 아닙니까?"

교장쌤은 나영이만큼 어렸을 적에도 복도에서 뛰면 안 된다고 생각했고, 선생님이 된 지금도 당연히 복도에서는 조용히 다녀야 한다고 생각해. 그래서 어린이든 어른이든 다 비슷한 생각을 할 거라고 확신했지.

"나영이처럼 특이하고 개성 넘치는 아이는 매년 만나 왔지만, 늘 올바른 생각을 했습니다. 허허."

하지만 삐악이들을 잘 아는 꼬꼬쌤의 마음은 불안했어.

"어휴, 교장 선생님은 우리 반 삐악이들의 마음을 잘 모르시는 것 같아……."

"삐악이들! 투표하기 전에 이 주제에 대해 깊이 생각해 볼 거예요. 깊이 생각하기에 좋은 방법은 뭘까요?"

한우가 저도 모르게 중얼거렸어.

"글쓰기?"

"맞아요! 그래서 내일 국어 시간에는 '복도에서 뛰어도 된다' 또는 '복도에서 뛰면 안 된다'라는 주제로 주장하는 글을 쓸 거예요. 내가 주장하고 싶은 주제를 고르고 뒷받침할 수 있는 이유도 생각해 오세요."

"네, 완벽한 이유를 생각해 올게요!"

평소 같으면 글쓰기가 싫다며 불평할 나영이가 어쩐 일인지 주먹을 불끈 쥐고 대답했어.

나영이는 징검다리오솔길로 달려갔어.

"냥 작가, 냥 작가! 나 좀 도와줘!"

아이들을 눈 빠지게 기다렸던 냥 작가는 재빨리 고개를 돌렸어. 학교에서 보안관쌤을 피해 다녔더니 배가 고팠거든.

"냐아앙~. 맛있는 거 가져왔냐옹?"

"앗, 학교에서 바로 오느라 없는데. 잠깐만!"

나영이는 주머니에 손을 넣어 이리저리 뒤적거렸어. 손을 휘저을 때마다 부스럭 소리가 났지.

"너희가 논설문을 쓴다고냥?"

고기를 배불리 먹은 냥 작가가 배를 통통 두드리며 물었어. 나영이는 고개를 도리도리 저었어.

"아니, 주장하는 글."

"주장하는 글이 다른 말로 논설문이다냥."

"그래? 논설문이라니까 엄청 어려워 보여……."

"작은 도서관에서 투표할 때 쓴 부탁하는 글도 네 의견을 주장하는 글이었으니 논설문이다냥."

"진짜? 그때 영웅이가 이겼잖아. 이번에도 그럴까?"

한우가 나영이의 눈치를 슬쩍 보며 말했어. 나영이는 도끼눈으로 한우를 노려보다 허공에 주먹을 휘둘렀지.

"한 번 졌다고 또 지란 법은 없어. 냥 작가한테 제대로 배워서 꼭 이길 테야!"

"그럼 나는 나영이의 주장에 찬성! 무조건 찬성! 분명 친구들도 나영이 편을 들 거야."

한우도 주먹을 쥐어 보이며 소리쳤어.

"근데 나영이 네가 쓸 논설문의 주제는 뭐냐옹?"

나영이는 가방에서 공책을 꺼내 냥 작가에게 읽어 줬어.

"학교 복도에서 뛰어도 된다."

"냐항? 난 복도에서 뛰는 거 반대다냥."

나영이는 깜짝 놀랐어.

"엥? 냥 작가도 아까 복도에서 뛰었잖아."

냥 작가는 화들짝 놀라며 학교에서 있었던 일을 떠올렸어.

"너무 반가워서 뛰었다옹. 그럼 찬성이다냥!"

냥 작가에게 배우는 논설문 쓰기

'학교 복도에서 뛰어도 된다'라고 쓴 글은 주장이 담긴 문장이다냥.
논설문은 자신의 주장과 그 주장이 옳고 좋다는 근거를 같이 써야 한다냥. 그래야 사람들이 내 논설문을 읽고, 내 의견에 찬성하지 않겠냥?

사람들이 많이 찬성하면 좋은 논설문이야?

그렇다냥. 논설문은 다른 사람들을 설득하기 위한 글이니까냥.

그럼 논설문을 잘 쓰려면 뭐부터 해야 해?

내 주장을 명확하게 써야 한다냥. 이럴 수도 있고, 저럴 수도 있다는 애매한 주장은 다른 사람에게 설득력이 없다냥.

명확한 주장
학교 복도에서 뛰어도 된다. ○
학교 복도에서 뛰면 안 된다. ○

애매한 주장
학교 복도에서 뛰어도 될 때가 있고 뛰면 안 될 때도 있다. ✕

냥 작가, 근거가 뭐야?

 근거는 주장을 뒷받침하는 까닭이다냥.

 '학교 복도에서 뛰어도 된다. 내가 뛰는 것을 좋아하기 때문이다' 이렇게 쓰면 돼?

 아니다냥. '좋다'는 내 기분이라 좋은 근거가 못 된다냥. 과학적, 객관적 근거로 주장해야 다른 사람도 단번에 이해한다옹. 마치 사건을 해결할 중요한 증거와 비슷하다냥.

증거 찾기는 자신 있어. 난 나영 홈스니까!

 근데 논설문은 꼭 길게 써야 해? 난 긴 글은 자신 없는데….

짧아도 되지만, 과학적, 객관적 근거가 많을수록 다른 사람들을 설득하기 쉽다냥.

 그럴싸한 근거와 설득? 쉽네!

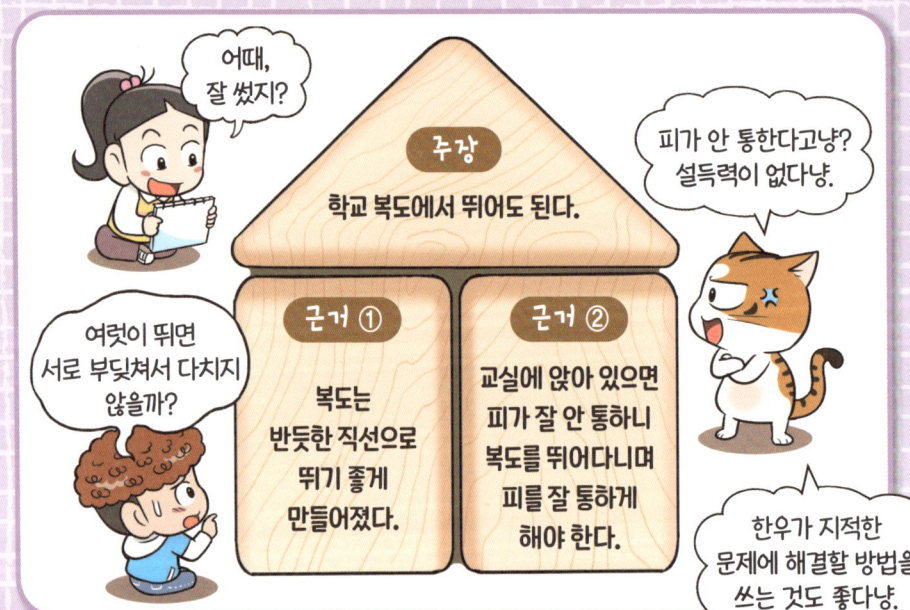

"알았어. 다시 쓸게."

나영이는 당장 엎드려 논설문을 열심히 고쳤어.

"나영이가 글쓰기를 좋아하게 되었구냥. 다 고양이를 잘 만난 덕이다옹."

냥 작가는 흐뭇했어. 나영이가 투표에 이겨서 영웅이의 코를 납작하게 만들려는 것도 모르고 말이야.

나영이와 한우가 한참 논설문을 쓰고 있었어. 그런데 갑자기 징검다리오솔길 옆 덤불에서 무언가 쑥 튀어나왔어!

'이 귀여운 강아지가 영웅이네 멍뭉이라고?'

그 유명한 멍뭉이라는 말에 나영이는 갑자기 새침한 표정을 짓더니 바로 영웅이에게 따졌어.

"다행은 무슨. 너희 강아지가 죄 없는 냥냥이와 한우를 위협하는 바람에 애들이 나무에 매달려 벌벌 떨었거든!"

"그랬다면 미안. 근데……."

영웅이는 사과를 하다 말고 엉뚱한 핑계를 댔어.

"이게 다 CCTV가 없어서 그래. 하필이면 이 길에만 CCTV가 없더라고. 그래서 내가 직접 찾아다니느라 내 다리가 얼마나 힘들었는지 알아?"

"CCTV? 그런 게 왜 필요해?"

"설마 우리 노는 거 감시하려고? 안 돼!"

한우와 나영이는 징검다리오솔길에서 냥 작가와 함께 노는 모습을 누군가 지켜본다고 상상하니 왠지 기분이 나빴어. 하지만 영웅이의 생각은 전혀 달랐어.

"아니, 안전하고 편리한 생활을 위해 설치하는 거야. 내가 강력하게 주장할 테니 마음껏 고마워해."

"냐아아옹. 냐옹. 냐아옹!"

징검다리오솔길에 CCTV라니. 그건 냥 작가도 반대야. 책을 읽고, 글을 쓰고, 아이들하고 이야기를 나누는 모습이 CCTV에 찍혀 백작님이 보게 되면 큰일이라고!

하지만 냥 작가의 마음을 모르는 영웅이는 CCTV를 설치해야 한다며 계속 주장했어.

"CCTV가 많으면 아주 안전하다고. 전에 살던 아파트에는 CCTV가 100개나 있어서 멍뭉이를 잃어버려도 걱정 없었어. 관리실에 가서 CCTV를 보면 멍뭉이가 어디 있는지 바로 보였거든."

"흥! 네가 멍뭉이 목줄만 안 놓치면 그런 거 없어도 되거든! 멍뭉이 때문에 찢어진 내 공책이나 물어내."

나영이는 멍뭉이의 침이 흥건한 공책을 내밀었어.

"글쓰기 공책? 너희들 여기서 글쓰기 연습해?"

영웅이는 휘둥그레진 눈으로 물었어. 나영이와 한우는 공책을 뒤로 휙 숨기고는 고개를 도리도리 저었지. 혹시라도 냥 작가에게 글쓰기를 배운다는 사실이 드러날까 봐 시치미를 뚝 뗐어.

그날 영웅이와 헤어지고 집으로 돌아가는 길에 나영이는 다시 한번 다짐했어.

"이번 투표는 내가 꼭 이긴다!"

다음 날 2반 삐악이들은 '학교 복도에서 뛰어도 될까?'에 관한 주제로 글을 쓰고 교실 게시판에 붙였어.

학교 복도에서 뛰지 말자

진영웅

학교 복도에서 뛰는 거 반대해요.
학교는 공부하는 곳이에요. 뛰는 건 공부가 아니에요. 그러니까 교실과 복도에서 모두가 뛰면 안 돼요. 다 함께 얌전히 걸어 다녔으면 좋겠다요.

복도에서 뛰는 사람 나쁜 사람

나영재

누가 학교에서 뛰어다니니? 규칙을 어기면 나쁜 사람이야. 복도에서 뛰면 내가 신고해서 경찰 아저씨를 부를 거야. 그러면 잡혀가겠지? 대신 운동장에서는 뛰어도 돼. 운동장은 플레이 그라운드니까. 마음껏 플레이하도록 해.

"투표하는 날까지 친구들의 글을 잘 읽어 보고 나는 어디에 투표할지 잘 생각해 보세요."

꼬꼬쌤은 염려스러운 표정으로 말했어.

학교 복도에서 뛰게 해 주세요!

백나영

학교 복도에서 뛰고 싶다.

어린이는 수업 시간에 가만히 앉아 있는 것이 힘들다. 쉬는 시간에는 몸을 움직여야 하는데, 운동장은 너무 머니까 복도에서 뛰면 좋겠다.

화장실 갈 때, 급식을 먹으러 갈 때, 운동장에 나갈 때 빨리 가면 좋으니까 복도에서 뛰는 게 좋다.

그런데 많은 사람이 복도에서 뛰다가 서로 부딪쳐 다칠 수도 있다. 만일의 사고를 대비해 자동차 도로처럼 중앙선을 긋고 방향대로 달리면 부딪치지 않을 것이다.

> 나영이가 반대 의견까지 고려해서 쓰다니 감동이긴 한데…. 만약 투표에서 이기면 어쩌지?

냥 작가의 논술 상담소

> 냥 작가님
> 논설문 숙제가 있는데,
> 주장하고 싶은 의견이 없어요.
> 어떤 주제로 쓰면 좋을까요?
> - 5학년 3반 우주가

평소에 불평했던 점을 떠올려 보라냥.

논설문을 뭐라고 쓸까요?

"공부를 왜 해야 해요? 안 하면 안 돼요?"

이런 말을 해 본 적이 있다면 논설문에 쓸 주제를 벌써 하나 가지고 있는 거야. '공부'라는 주제에 대한 내 의견을 논설문으로 쓴다면 술술 써지겠지?

논설문에 주장하고 싶은 내용이 생각나지 않는다면 평소에 내가 불평했던 것을 떠올려 봐.

"채소를 꼭 먹어야 해? 그냥 고기만 먹고 살면 안 돼?"

"책을 꼭 읽어야 해? 너튜브로 찾아보면 안 돼?"

이런 불평이 바로 논설문의 주제가 된단다.

냥 작가의 논술 비법

평소에 투덜거리거나 불평한 적이 없어서 주제를 찾기 어렵냐옹? 초등학생이 논술하기 좋은 주제를 내가 몇 가지 알려 줄 테니, 여기서 하나 골라서 써 보자냥.

1. 학원은 꼭 다녀야 할까?
2. 급식은 골고루 다 먹어야 할까?
3. 휴대폰 사용 시간을 제한해야 할까?
4. 교실에 감시 카메라를 설치해야 할까?
5. 부모님께 거짓말을 해도 될까?
6. 학교에 간식을 가져가도 될까?
7. 실내화를 신고 운동장에 나가도 될까?
8. 초등학생 때 장래 희망을 꼭 정해야 할까?
9. 용돈의 일부를 꼭 저축해야 할까?
10. 밥 대신 간식으로 배를 채워도 될까?

여러 주제 중 한 가지를 골랐다면, 찬성인지 반대인지 내 의견을 결정하고 논설문으로 쓰면 된다냥.

나영이의 재투표 신청

삐악이들은 쉬는 시간마다 복도에서 뛰는 걸 즐겼어. 딱 한 사람, 영웅이만 인상을 찌푸리며 이 광경을 지켜보았지.

"너튜브 스타 진영웅이 저런 애들에게 지다니, 참을 수 없어!"

영웅이는 투표 결과를 받아들이지 못했어. 의견뿐만 아니라 모두가 자신을 무시하는 것처럼 느껴졌거든.

2반 삐악이들은 투표 이후 더 친해졌어. 쉬는 시간마다 복도로 나가 잡기 놀이를 하고, 학교가 끝나면 복도에 모여 기차놀이를 하다가 하교했어.

2반에서 유일하게 복도에서 뛰지 않던 영웅이는 쉬는 시간마다 외로웠어. 분명 자신을 따돌린 친구는 없는데 왕따가 된 기분이었지. 그래서 집으로 갈 때면 아무도 없는 텅 빈 교실에서 혼자 쓸쓸히 나왔어.

속상한 마음을 안고 문득 조용한 복도를 보니 나영이 말대로 복도가 곧게 뻗은 고속도로처럼 보이는 거야.

"쳇, 복도에서 뛰는 게 진짜 그렇게 재밌나?"

영웅이는 2반 복도 끝에 서서 살금살금 뛰어 봤어.

"별, 별로 안 재밌는데. 너무 천천히 뛰어서 그런가?"

영웅이는 주위를 두리번거렸어. 꼬꼬쌤도, 2반 삐악이들도 없었지. 영웅이는 와다닥 전속력으로 뛰었어.

"이번에는 공중제비를 넘어 볼까? 헤헤."

영웅이는 나영이가 돌던 공중제비를 떠올리며 따라 했어.

영웅이는 복도에서 뛰어노는 재미에 흠뻑 빠졌어. 실내화가 복도에서 미끄러질 때는 스케이트 같았고, 공중제비를 돌 때는 롤러코스터를 탄 것마냥 복도가 돌았거든. 다음 날 1교시가 끝나자마자 영웅이는 복도로 나가 뛰었어. 그 모습을 보고 나영이가 쫓아와 물었어.

"진영웅, 이제 너도 뛰냐? 어때 복도에서 뛰니까 재밌지? 내 말이 맞지!"

하필이면 나영이에게 들키다니! 자존심이 상한 영웅이는 말을 더듬으며 핑계를 댔어.

"아, 아니거든. 지금 화장실이 급해서 그랬거든!"

하지만 뛰고 싶은 마음은 참을 수 없었어.

"에라, 모르겠다. 나도 뛸 거야!"

영웅이는 새로운 복도 규칙을 어기며 와다닥 뛰었어. 나영이가 주장했던 복도 규칙 기억나? 도로처럼 중앙선을 그어 방향에 맞춰 뛰기로 했잖아. 그런데 대부분의 삐악이들은 제멋대로 중앙선을 넘나들었어. 심지어 나영이는 눈을 감고 뛰기도 했어. 2반 삐악이들은 복도 규칙 따위는 까맣게 잊어버리고 마구 뛰었지. 그러다 그만 쾅!

얼마 지나지 않아 2반에는 부상자가 넘쳐 났어. 한우는 양쪽 무릎에 멍이 들었고, 영재는 아끼는 옷이 두 번이나 찢어졌어. 수재는 발등을 밟혀서 발이 퉁퉁 붓고, 영웅이는 오른쪽 손목을 삐어 글씨를 못 쓰게 되었지.

2반에서 제일 날쌘 나영이는 친구들을 피해 요리조리 잘 뛰었어. 하루는 눈을 감고 뛴 탓에 달리는 친구들과 부딪치는 사건이 일어났지.

 결국, 나영이도 복도에서 부상을 입고 말았어. 2반에서 가장 활발하게 뛴 나영이답게 가장 크게 다쳤지. 무릎과 발목을 다쳐 갑갑한 깁스를 하고 목발도 짚게 되었어.

 처음 목발을 짚을 때만 해도 나영이는 여전히 신났어. 나영이의 수많은 꿈 중 하나가 목발 짚은 해적 선장이었거든.

하지만 목발을 짚은 지 얼마 지나지 않아 나영이는 목발이 멋있지 않다는 걸 깨달았어. 계단 오르내리기는 당연히 못 하고, 제대로 걷는 것조차 힘들었기 때문이야. 무엇보다 목발 때문에 겨드랑이와 팔이 아픈 게 가장 큰 문제였어. 나영이는 결국 의자에서 꼼짝도 못 하고 가만히 앉아 복도에서 노는 친구들을 구경하는 신세가 되었지.

복도에서 친구들을 지켜보니 서로 뒤엉킨 채로 뛰어다니는 모습은 무척 위험해 보였어. 그뿐만이 아니야. 2반 복도를 지나가는 다른 반 친구들이 이리저리 뛰는 2반 친구들을 피하느라 정신없어 보였어.

"자유롭게 뛰면 좋을 줄 알았는데 꼭 그렇지도 않네."

나영이는 목발을 짚고 나와 다른 반 복도를 살펴보았어. 몇몇 뛰는 친구들이 있었지만 대부분 우측통행하며 천천히 걸었어. 심지어 잡기 놀이, 얼음땡 놀이, 공중제비하는 친구들은 한 명도 없었어. 복도가 전혀 위험해 보이지 않았지.

"학교 복도에서 뛰면 안 되는 걸까?"

나영이는 깊은 고민에 빠졌어.

학교가 끝나자 나영이는 집에 가는 대신 꼬꼬쌤에게 다가갔어. 영재와 한우도 같이 갔지.

"꼬꼬쌤, 복도에서 뛰면 안 될 것 같아요. 친구들이 복도에서 뛰다가 저처럼 크게 다치면 어떡해요."

옆에 있던 영재도 맞장구를 쳤어.

"맞아요. 저처럼 옷도 다 찢어지면 큰일이잖아요!"

"흠, 어쩌지? 우리 삐악이들이 투표로 결정한 일인데."

달라진 삐악이들의 모습에 꼬꼬쌤은 내심 기뻤어.

"좋아, 선생님이 투표를 다시 열어 줄게. 그런데 나영아, 친구들을 다시 설득할 수 있겠니?"

꼬꼬쌤의 물음에 나영이는 큰소리로 대답했어.

"꼬꼬쌤, 걱정 마세요! 논설문 천재 백나영이 복도에서 뛰지 말자는 논설문을 써 오면 모두 찬성할 거예요."

그날 오후, 나영이는 양고기 캔을 챙겨 들고 징검다리오 솔길로 달려갔어. 저 멀리 보이는 냥 작가는 한우가 빌려준 새 책에 푹 빠져 있었어.

"냥 작가, 내 논설문 좀 도와줘!"

"책 읽느라 바쁜 거 안 보이냥? 내일 오라냥."

오른쪽 앞발에 침을 발라 우아하게 책장을 넘기던 냥 작가는 한 발로 저리 가라는 시늉을 했어. 나영이는 미리 준비한 양고기 캔을 꺼냈지.

"냥 작가, 어느 나라 음식까지 먹어 봤어?"

"우리나라를 시작으로 미국, 호주, 일본, 러시아, 필리핀 그리고 멕시코의 타코 맛이 나는 츄르까지 다양하게 먹었다냥. 난 음식으로 세계여행을 한 셈이다냥~."

냥 작가가 자랑스럽게 말했어. 그런데 나영이는 호들갑스럽게 고개를 절레절레 내저었어.

"에이, 알프스에 사는 양고기도 안 먹어 봤는데, 그게 무슨 세계여행이야?"

"이번에는 알프스냐옹? 가고 싶다냥, 먹고 싶다냥!"

냥 작가는 아련한 눈으로 나영이를 바라봤어.

나영이는 이 기회를 놓치지 않고 양고기 캔을 내밀었어.
"짜잔! 알프스산 양고기 캔이야."
그 순간 냥 작가의 눈이 동그래지고 반짝반짝 빛났어.
"어서 나에게 달라냥!"
"어때, 나에게 논설문을 가르쳐 줄 마음이 생겨?"
"당연하다옹!"
냥 작가는 높디높은 알프스 향을 품은 양고기를 맛있게 먹고 본격적으로 논설문 수업을 시작했어.

냥 작가에게 배우는 논설문 쓰기

논설문은 형식을 갖춰 써야 한다냥. 처음, 중간, 끝으로 나눠 쓰라옹.

왜 나눠야 해?

형식에 맞춰 쓰면 읽는 사람들이 더 쉽게 이해할 수 있다옹.

논설문 형식

처음(서론)
주제에 대한 내 주장을 쓰고, 왜 이런 주장을 하게 되었는지도 쓴다냥.

내 생각이 바뀐 이유를 적어 호기심을 자극하라냥.

중간(본론)
내 주장에 대한 근거를 쓴다냥. 과학적, 객관적인 근거를 찾기 위해 책, 백과사전, 인터넷 등에서 자료를 찾으면 좋다냥.

근거는 많을수록 설득력이 생긴다옹. 중간 문장은 길게 써라냥.

끝(결론)
가장 중요한 내 주장을 짧게 다시 쓰고 끝맺으라냥.

마지막으로 내가 쓴 글은 소리 내 읽고 고쳐라냥~.

며칠 뒤 복도에서 뛰기에 대한 두 번째 투표가 시작되었어. 나영이는 비장한 마음으로 친구들 앞에 섰어.

나영이의 논설문

복도에서 뛰지 말자!

백나영

며칠 전, 나는 학교 복도에서 뛰자고 주장했다. 걷는 것보다 뛰는 게 훨씬 빠르고 재미있기 때문이었다. 그런데 지금은 생각이 바뀌었다. 학교 복도에서 뛰면 안 된다.

복도에서 뛸 때 규칙을 정한다면 안전하게 뛸 수 있다고 생각했다. 하지만 복도에서 뛰기 시작하니 달리는 데 정신이 팔려 규칙을 잊어버린다. 그래서 서로 뛰다가 부딪치고 넘어졌다.

친구들끼리 부딪치면 다치기 쉽다. 특히 키가 큰 6학년 언니, 오빠와 키가 작은 우리가 부딪치면 더 크게 다친다. 친구와 부딪쳐 크게 다쳐 보니 너무 아팠고 하루하루가 불편했다. 부모님도 무척이나 속상해 하셨다.

다른 반 친구들이 우리 반 복도를 지나갈 때 불편해한다. 뛰어다니는 우리를 피하느라 정신없고, 부딪치는 사고가 일어나면 싸우기도 했다.

학교는 재미도 중요하지만, 안전이 더 중요한 곳이다. 그래서 복도에서는 뛰지 않았으면 좋겠다.

심심해도 안전한 복도, 위험하지만 쌩쌩 달리는 재미있는 복도. 어떤 걸 선택해야 할지 고민하던 삐악이들은 나영이의 논설문을 듣고 투표지에 연필을 긋기 시작했어.

'제발, 내 주장에 찬성해 줘.'

나영이는 조마조마한 마음으로 투표 결과를 지켜보았어. 두 번째 투표 결과는 어떨까?

딱 한 명만 빼고 모두가 나영이의 주장에 찬성했어. 친구들도 나영이와 같은 마음이었나 봐. 아니면, 나영이가 논설문을 잘 써서 모두를 설득한 걸지도 몰라.

"와! 오늘부터 복도에서 안 뛴다!"

나영이는 목발을 짚은 것도 깜빡 잊고 두 손을 번쩍 들어 만세를 불렀어.

이후 삐악이들은 복도에서 안전하게 걸어 다녔어. 딱 한 명, 복도에서 계속 뛰자고 투표한 사람만 빼고!

냥 작가의 논술 상담소

냥 작가!
힘들게 논설문을 썼는데
내가 쓴 건 설명문이래.
설명문과 논설문은 많이 달라?

— 2학년 2반 수재가

설명문은 설명하는 글,
논설문은
주장하는 글이다옹.

설명문과 논설문은 무엇이 다를까?

설명문은 어떤 일이나 사물을 이해하기 쉽게 쓴 글이고, 논설문은 내 생각을 내세워서 설득하기 위해 쓴 글이야. 쉽게 말하자면 설명문은 있는 그대로의 사실을 적고, 논설문은 내 생각을 적는 거야.

설명문은 논설문을 쓸 때 매우 중요한 역할을 해. 논설문에는 내 주장이 옳다는 근거를 매우 객관적이고 구체적인 정보로 써야 하는데, 설명문의 기본 바탕이 객관적이고 구체적인 정보이기 때문에 도움이 되지.

냥 작가의 논술 비법

설명과 주장이 헷갈린다고냥? 아이들이 하는 말을 읽고 어떤 문장인지 연결해 보라냥.

탕수육은 돼지고기를 튀겨서 소스와 함께 먹는 음식이다.

설명

탕수육은 찍먹이 더 맛있다. 더 바삭하게 먹을 수 있기 때문이다.

주장

우리말과 영어를 섞어 쓰면 의사소통에 문제가 생길 수 있다. 그래서 두 언어를 섞어 쓰면 안 된다.

설명

영어는 영국과 미국의 언어로 세계적으로도 널리 쓰인다.

주장

설명하는 문장인지, 주장에 대한 근거가 담긴 문장인지 잘 확인해 보라옹.

**채널명
냥 작가와 삐악이들**

   두 번째 복도 투표 사건 이후 나영이는 많은 것을 배웠어. 무슨 일을 결정할 때 재미만 생각하면 안 된다는 것, 결정하기 전에는 다른 사람의 의견도 잘 들어 봐야 한다는 것을 알았어. 또 학교처럼 많은 사람이 어울리는 곳에서는 안전이 제일 중요하다는 것도 깨달았지.

   "이렇게 중요한 사실을 나만 알아도 될까? 아니야, 모두에게 알려야겠어!"

   나영이는 교실 앞으로 나가 큰 소리로 말했어.

"애들아, 우리가 깨달은 복도 안전 규칙을 모두에게 공유하자! 복도 안전 캠페인을 우리가 하는 거야. 어때?"

"나는 좋아!"

한우는 나영이가 하자는 일에는 무조건 찬성이야. 그런데 복도와 안전의 뜻은 단번에 이해했는데 캠페인은 처음 듣는 말이었어. 한우는 영어를 잘하는 영재에게 살며시 물었어.

"영재야, 캠페인 뜻이 뭐야?"

"캠, 캠페인?"

영재가 말을 더듬으며 되물었어.

다행히 영재의 영어 실력이 들통나기 전에 꼬꼬쌤이 한우의 궁금증을 풀어 주었어.

"복도 안전 캠페인이라면, 우리 학생 모두가 복도를 안전하게 이용하자는 운동을 펼치자는 거지?"

"네! 제 생각엔 아직 복도가 위험해요. 아직도 복도에서 뛰고, 계단을 두 칸씩 올라가는 친구들이 있거든요."

나영이는 엄청난 문제점을 찾아냈다는 생각에 뿌듯한 표정을 지었어. 꼬꼬쌤은 그런 나영이가 귀여워서 웃었어.

"그렇구나. 그럼 우리가 무엇을 해야 할까?"

이번에는 영웅이가 손을 번쩍 들었어. 나영이보다 먼저, 나영이보다 훌륭한 의견을 내려고 말이야.

"주장을 알리는 데는 논설문이 최고죠. 제가 쓸게요!"

영웅이는 나영이보다 더 잘 써서 칭찬을 받고 싶었어. 하지만 꼬꼬쌤은 고개를 저었지.

"캠페인에 적을 주장은 길게 쓰는 논설문보다 한눈에 읽을 수 있도록 단순하게 쓰는 게 좋아요."

"꼬꼬쌤, 지난번 환경 사랑 캠페인처럼 표어랑 포스터가 더 어울릴 것 같아요. 제가 포스터를 그릴게요."

환경 사랑 포스터 그리기 대회에서 상을 받았던 영재가 말했어. 다른 삐악이들 앞다투어 아이디어를 냈어.

"꼬꼬쌤, 표어랑 포스터 들고 학교를 돌아다녀요."

"아침마다 교문 앞에서 들고 외쳐요!"

2반 삐악이들이 복도 안전 캠페인으로 한창 바쁠 때, 냥 작가는 쿨쿨 낮잠을 자고 있었어. 그런데 어디선가 저벅저벅 사람들이 다가오는 발소리가 점점 커지는 거야.

"어린이집 아기들이 산책을 나왔냐옹?"

냥 작가는 벌떡 일어나 왕벚나무 뒤 덤불 속으로 숨었어. 냥 작가는 아기들을 좋아하지만, 아기들은 냥 작가를 보면 무서워했거든. 그래서 일부러 자리를 비켜 준 거야.

"오늘은 어떤 아기들이 왔냐옹?"

어느새 발걸음 소리가 들리지 않았어. 냥 작가가 고개를 내밀어 보니 어른들이었어. 번개아파트 관리실 직원이랑 주민 몇 명이었지.

"냐하, 어른들이 이 시간에 무슨 일이냥?"

징검다리오솔길에 찾아온 어른들은 자꾸 위를 쳐다보고, 손가락질하며 심각한 이야기를 나누는 듯했어.

"위에 무슨 일이 있냐옹?"

냥 작가도 손가락이 향한 위를 올려다봤어.

'징검다리오솔길에 CCTV를 설치한다고냥? 안 된다냥. 여긴 내 거실이나 다름없다옹. 남의 집 거실에 CCTV라니, 사생활 침해다냥!'

냥 작가는 고양이 말로 야옹야옹 소리쳤어. 하지만 어른들은 냥 작가가 야옹거리거나 말거나 자기들끼리 CCTV 설치로 토론을 한창 나누고는 자리를 떠났어.

청천벽력 같은 소식에 냥 작가는 잔디밭에 벌러덩 누워 하늘을 멍하니 바라봤어.

발톱보다 펜이 강하다는 걸 보여 주겠다냥!

"안 되겠다냥! 나도 번개아파트에 사는 주민 고양이니까 내 주장을 제대로 전달해야겠다냥!"

냥 작가는 자기가 가진 공책 중에서 제일 큰 공책과 제일 진한 연필을 꺼내 들었어.

다음 날 아침, 번개아파트 정문 앞에 있는 게시판에 한 장의 글이 붙었어.

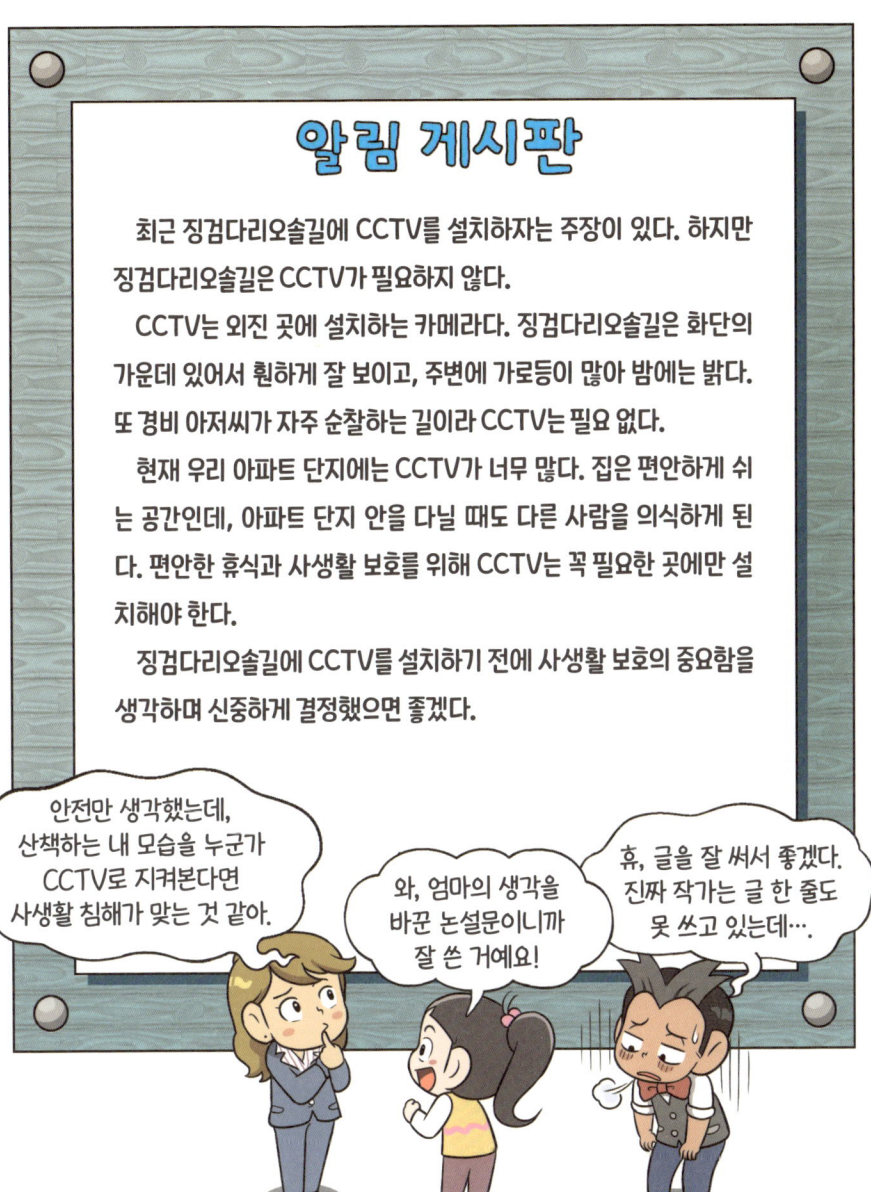

냥 작가의 글을 본 주민들은 게시판 앞에 서서 CCTV 설치 찬성, 반대로 나뉘어 한참 동안 토론했어.

주민들은 한참을 서서 입씨름을 했지만, 결론은 내리지 못했어. 서로의 의견이 팽팽하게 맞섰거든. 한참을 말없이 지켜보던 입주민 대표가 입을 뗐어.

"오늘은 여기까지 하고 다음 회의 때 CCTV 설치에 대해 다시 의논해 봅시다."

주민들은 생각할 시간을 갖고 다시 만나기로 했어. 중요한 문제거나, 사람들의 의견이 팽팽하다면 충분한 이야기를 나누고 결정해야 하거든.

냥 작가는 일단 마음을 놓았어. 하지만 다음 회의까지 주민들을 설득할 새로운 글을 써야겠다고 다짐을 했지.

냥 작가와 아이들은 CCTV가 없는 징검다리오솔길로 폴짝폴짝 뛰어갔어. 아이들은 냥 작가와 함께하고 싶은 일이 생겼거든.

"유명해져서 팬들이 선물로 보내 줬다고냥?"

냥 작가는 잠시 고민에 빠졌어. 냥 작가는 말을 하고 글을 쓰는 특별한 고양이라 유명해지면 곤란해. 정체를 들키면 위험해질 수 있거든. CCTV도 겨우 막았는데 팬들이 냥 작가를 보고 귀엽다며 시도 때도 없이 찾아오고, 카메라를 들이대면 정체를 들킬 수 있어서 아주 위험해.

"됐다냥. 난 유명해질 수 없다냥. 내 운명이 그렇다냥."

냥 작가는 고개를 절레절레 저었어.

"이래도?"

영재는 멍뭉이와 영웅이 채널에 올라온 선물 영상을 보여 주었어. 난생처음 보는 사료와 캔, 육포, 개껌, 화려한 장난감 사이에 입이 귀에 걸린 멍뭉이 모습이었지.

"먹고 싶은데, 할까냥? 아니, 안 된다냥!"

냥 작가의 마음이 갈팡질팡했어. 나영이는 씩 웃으며 가방에서 예쁜 봉투 하나를 꺼냈어. 냥 작가를 설득하기 위해 모두가 함께 쓴 부탁 편지야.

♥

번개아파트에서 제일 귀여운 고양이 냥 작가에게

　냥 작가야, 우리는 너와 함께 너튜브 영상을 찍고 싶어. 채널 이름은 '냥 작가와 삐악이들'로 짓고 즐겁게 지내는 우리 모습을 찍어서 올리는 거야.

　너튜브로 냥 작가가 유명해지면 돈도 많이 벌고, 팬들에게 전 세계 음식을 선물 받을 수 있어. 냥 작가가 맛난 음식으로 행복한 표정을 짓게 되겠지? 그럼 냥 작가의 귀여운 표정과 모습을 사람들이 보고 모두가 행복을 느낄 거야. 그럼 냥 작가는 세계 평화 냥이가 되는 거지. 괴짜 과학자는 걱정하지 마. 냥 작가가 말하고, 글 쓰는 모습은 절대 안 찍을게. 만약 괴짜 과학자가 오면 우리가 혼쭐내 줄게!

　냥 작가야, 우리와 함께 너튜브를 시작하자.

　　　　　　　　　　　　　　- 냥 작가만의 삐악이들 -

"너희 이렇게 진심이었냥."

아이들의 진심에 냥 작가는 마음속으로 감동했어. 그리곤 유명해진 자신의 모습을 상상했지. 팬들이 매일 찾아와 귀찮게 굴어도 맛난 선물을 들고 온다면 언제나 환영일 것 같았어.

잘 쓴 설명문 바로 보기

설명문을 읽고 우리 집 설날 모습을 떠올려 보라옹.

설날은 최대의 명절이다

설날은 우리나라에서 가장 큰 명절이다. 곧 설날이 다가오기 때문에 설날에 대해 자세히 알아보려 한다.

설날은 새해 첫날인 1월 1일이다. 그런데 우리 조상들이 옛날에 쓰던 음력 달력을 기준으로 1월 1일이 설날이라, 지금 우리가 쓰는 달력에서는 1월 말이나 2월에 설날이라 쓰여 있다.

설날은 새해를 맞아 한 해 동안 나쁜 일은 몰아내고 좋은 일만 있기를 기원하는 명절이다. 그래서 우리 조상들은 설날을 가장 큰 명절로 여겼다.

설날에는 어른들께 세배하고 떡국을 먹는다. 떡국은 가래떡을 비스듬히 썰어 넣어 만든 국이다. 떡국을 먹어야 한 살을 더 먹는다는 말도 있다. 어른들께 세배를 하면, 세배를 받은 어른들은 덕담이라는 좋은 말씀을 해 주시고 세뱃돈을 주신다.

설날은 지금도 우리나라 최대의 명절이다. 그래서 매년 온 가족이 모여 함께 밥을 먹고, 덕담을 나누며 차례를 지내는 집이 많다.

헤헤, 설날에 할머니표 떡국은 꼭 먹어야지!

잘 쓴 논설문 바로 보기

세뱃돈은 내 마음대로 써도 된다

설날에는 세뱃돈을 받아 일 년 중 가장 많은 돈이 생긴다. 나는 이 돈을 부모님의 허락을 받지 않고 마음대로 써도 된다고 생각한다.

첫째, 세뱃돈은 내가 친척 어른들께 세배해서 받은 돈이기 때문이다. 부모님이 주신 용돈이 아니기 때문에 자율적으로 사용할 권리가 있다.

둘째, 평소에 용돈의 일부분을 저축하기 때문에 세뱃돈은 저축하지 않고 사지 못했던 물건을 살 때 써도 괜찮다.

셋째, 비상금으로 사용할 수 있다. 친한 친구의 선물, 어버이날 선물을 구매할 때 용돈으로 선물을 구매하면 나에게 쓸 돈이 없어진다. 만약 세뱃돈이 있다면 돈 걱정하지 않고 선물을 살 수 있다.

그러므로 세뱃돈은 부모님의 간섭 없이 내 마음대로 써도 된다고 생각한다. 세뱃돈을 낭비하는 게 아니라 돈을 체계적으로 사용할 방법을 생각하며 써야 하기 때문에 경제 관념에도 큰 도움이 될 것이다.